Anne Ameling

Warum-Geschichten zum Vorlesen

Von den Dinosauriern bis zu den Sternen

Illustriert von Iris Hardt

Loewe

FSC
www.fsc.org
MIX
Papier | Fördert gute Waldnutzung
FSC® C018236

Klimaneutral
Druckprodukt
ClimatePartner.com/18521-2202-1001

ISBN 978-3-7432-1319-7
1. Auflage 2023

Text: Anne Ameling
Umschlag- und Innenillustrationen: Iris Hardt
Umschlaggestaltung: Johanna Mühlbauer
Printed in the EU

www.loewe-verlag.de

Inhalt

Der königliche Zungenherausstrecker

Es war einmal ein König, der seinen Beruf nicht leiden konnte. Ein König musste sich benehmen, auch wenn er sich langweilte. Er musste zuhören und kluge Antworten geben. Selbst wenn die Leute Blödsinn erzählten.

„Wie gerne würde ich all den Fürsten und Hofdamen manchmal die Zunge herausstrecken!“, klagte er seinem Narren sein Leid. „Darf ich aber nicht. So was tut man nicht als König.“

Der Narr war nie um eine Lösung verlegen. „Wie wäre es, wenn nicht Ihr selbst die Zunge herausstrecken würdet, sondern es ein anderer für Euch täte?“

Natürlich dachte er dabei an sich.

Der König war begeistert. Er ordnete an: „Bring mir die Besitzer der schönsten Zungen im Land und ich wähle unter ihnen den königlichen Zungenherausstrecker!“

Der Narr fand seine eigene Zunge schön genug für diese Aufgabe. Aber was nützte es, wenn sein König eine andere wollte! Bald darauf zog er mit einer eigenartigen Karawane in den königlichen Thronsaal.

„Narr!“, rief der König erschrocken. „Was machen all die Tiere hier?“

„Das sind die Bewerber für den Posten des königlichen Zungenherausstreckers“, erwiderte der Narr.

„Oh“, machte der König. Er hatte nicht gedacht, dass ausgerechnet Tiere die schönsten Zungen im Land hatten.

„Nun denn. Der erste Bewerber trete vor!“

Ein Kolibri schwirrte heran. Aus seinem langen Schnabel kam eine sehr dünne Zunge hervor.

„Ich benutze sie wie einen Strohhalm

Haben Krokodile eine Zunge?

und sauge den Nektar damit aus den tiefsten Blütenkelchen."

Der König wollte gerade die vortreffliche Zunge loben, da senkte auch schon die Giraffe ihren Hals herab und schob den Kolibri beiseite.

„Ich kann mir selbst die Augen wischen mit meiner Zunge. Und ich pflücke damit die Blätter vom höchsten Baum!"

Der König war beeindruckt von der blauen, muskulösen Giraffenzunge. Er fragte sich allerdings, wo er ein so langhalsiges Tier unterbringen sollte. Plötzlich gab es einen kleinen Aufruhr, weil die Schlange sich zu ihm vordrängelte. Ihre Zunge züngelte unentwegt aus ihrem Maul hervor. „Ich kann mit meiner Zzzzunge sssogar riechen", zischte sie.

„Ja, aber du streckst sie die ganze Zeit heraus", wandte der König ein. „Das gefällt mir nicht."

Beleidigt drehte die Schlange ab.

Ein Hund hopste heran. „Meine Zunge kühlt mich! Wenn ich hechele, ist mir weniger warm."

Er hechelte. Sabbertropfen fielen von dem schlabbrigen Zungenlappen zu Boden. Igitt!

Der Narr warf flugs ein Stöckchen zur Saaltür hinaus. Schwupp, war der Hund fort.

Der König hatte keine Lust mehr. Doch dann entdeckte er das Krokodil in einer Ecke. Wer so ein Maul hatte, besaß gewiss eine großartige Zunge!

„Streck deine Zunge raus!", befahl er also dem Tier.

Das riss sein Maul auf. Alle warteten gespannt. Doch nichts passierte.

„Es hat keine!", rief die Giraffe.

Der Kolibri schwirrte heran und piepste: „Da ist aber eine! Los, zeig sie uns!"

Das Krokodil begann zu weinen.

„Ich kann nicht!", heulte es. „Sie ist festgewachsen! Eine bewegliche Zunge würde mich beim Fressen stören. Ich kaue doch nicht, ich reiße mit den Zähnen Bissen heraus und schlucke sie ganz runter!"

Die anderen Tiere schauten es betreten an.

„Furchtbar!", sagte endlich ein Chamäleon. „Wäre meine Klebezunge festgewachsen, könnte ich keine Insekten schnappen!"

Nun bedauerten auch alle anderen lauthals das arme, arme Krokodil.

„Unfug!", schimpfte der Narr. „Was würde ihm eine Zunge nützen, die es stört? Immerhin streckt das Krokodil seine nicht ungezogen heraus!"

„Hm, darum bin ich hier", sagte das Krokodil. „Der Frosch lacht mich immer aus wegen meiner Zunge. Jemand müsste *ihm* mal die Zunge herausstrecken! Bitte."

„Na so was“, dachte der König. „Noch jemand, der einen Zungenherausstrecker braucht.“

Geschwind hatte der schlaue Narr eine passende Lösung für König und Krokodil: Er würde künftig für seinen König die Zunge herausstrecken. Denn ein Narr durfte das.

Und all die Tiere mit den tollen Zungen, die sie als Strohhalm, Wischlappen, Werkzeug, zum Riechen, Jagen oder Abkühlen benutzten? Die würden dem Frosch zeigen, dass jede Zunge goldrichtig ist, so, wie sie ist.

Der Streit der Gärtner

In der kleinen Stadt San Antonio auf der anderen Seite der Erde, dort, wo es sehr warm ist, gab es drei Gärtner. Oder besser: zwei Gärtner und eine Gärtnerin. Sie hießen José, Pedro und Anita. Jeden Samstag trafen sie sich in Marias Café an der Hauptstraße.

Eines Samstags prahlte José: „In meinem Garten wächst die Königin der Früchte!“

„Kann nicht sein. Die wächst in meinem Garten“, widersprach Pedro.

Anita lächelte und sagte: „Die Königin wächst auf meinem Feld.“

Sie begannen zu streiten und hörten gar nicht mehr damit auf.

„Schluss jetzt!“, rief Maria schließlich. „Ihr vergrault mir noch meine ganzen Gäste! Wir machen einen Wettbewerb! Jeder von euch bringt zur Erntezeit seine Frucht in dieses Café. Dann sehen wir, bei wem die Königin der Früchte wächst.“

Die anderen Gäste waren begeistert. Ein Wettbewerb! Die Leute in San Antonio liebten Wettbewerbe!

José, Pedro und Anita gaben sich die Hand darauf und gingen siegessicher nach Hause. Denn alle drei liebten ihre Pflanzen und hielten sie für die edelsten Gewächse, die es gab.

Maria aber platzte vor Neugier nach der ganzen Angeberei, die sie in ihrem Café gehört hatte. Deshalb machte sie gleich am nächsten Tag einen Spaziergang durch die drei Gärten.

In Josés Garten standen Pflanzen mit riesigen Blätterwedeln.

„Mit den Blättern könnte ich mir Luft zufächeln lassen", überlegte Maria laut.

„Unter ihrem Schatten wird bald alles voller Früchte sein!", verkündete José stolz.

Unter solch prächtigen Blättern konnte ja nur die Königin der Früchte wachsen!

Maria schlenderte weiter zu Pedros Garten. Hier stand ein blühender Baum mit einer ausladenden Krone und dunkelgrünen Blättern.

„300 Jahre ist er alt!", rief Pedro Maria zu. „Und er trägt noch immer Früchte!"

Maria winkte und dachte: „Wo sonst sollte die Königin der Früchte entstehen als in einer Baumkrone?“

Als sie bei Anita ankam, sah sie nichts als einen Acker. Darauf reihten sich hellgrüne Stachelgewächse aneinander. Wo wuchsen denn hier bitte schön Früchte? Unter der Erde etwa?

„Das sind die Kronen der Königinnen“, behauptete Anita und zwinkerte Maria zu.

Maria schüttelte den Kopf. Die arme Anita! Sie würde diesen Wettbewerb haushoch verlieren.

Die Zeit verging. Unter Josés schattigen Wedeln wuchsen Stauden mit seltsamen Blüten heran. An Pedros uraltem Baum blühten rötliche Blütentrauben.

Und aus jeder von Anitas unansehnlichen Stachelkronen erhob sich eine einzelne feuerrote Blüte …

Endlich kam der Tag der Entscheidung. José, Pedro und Anita trugen ihre Ernte ins Café an der Hauptstraße. Viele Leute waren gekommen. Alle wollten wissen, wer die Königin der Früchte mitbrachte.

Unter großem Jubel der Zuschauer legte zuerst José eine prächtige Bananenstaude auf den Tisch. Gelb schmiegten sich die Früchte aneinander und den Kindern lief das Wasser im Mund zusammen. Sie liebten süße Bananen!

Als Nächstes stellte Pedro einen Korb mit Mangos ab. Wie jedes Jahr hatte der uralte Baum viele Früchte getragen. Die schönsten davon hatte Pedro ausgewählt. Sie wogen fast zwei Kilo und dufteten herrlich. Auch sie wurden mit viel „Hurra“ gefeiert.

Dann zog Anita eine einzelne riesige Frucht aus ihrem Korb: eine Ananas. Jede rote Blüte hatte sich in eine saftige Frucht mit dicker Rinde verwandelt. Und auf ihrem Haupt trug die Ananas … eine Krone aus Stachelblättern.

Da verstand Maria, was Anita auf dem Feld gemeint hatte.

„Die Königin unter den Früchten!", rief sie. „Und aus ihrer Krone kann eine neue Ananaspflanze wachsen, nicht wahr?"

Genau so war es. Die Leute jubelten Anita mit ihrer Ananas zu. Ein Kind aber bemerkte, wie traurig das die zwei anderen Gärtner machte.

„Ein Glück, dass wir drei Gärtner haben!", verkündete es deshalb. „Machen wir Obstsalat!"

Sofort riefen alle begeistert: „Nein! Saft! Eis! Bananenbrot mit Marmelade! Ananaskuchen!“

Denn egal, welche Frucht die Königin war, lecker waren sie alle!

Da lachten José, Pedro und Anita und vergaßen, warum sie sich so gestritten hatten.

Dreimal Haare tauschen, bitte!

Lou, Sarah und Anna sind Freundinnen. Sie wohnen im selben Haus und spielen jeden Nachmittag zusammen im Hinterhof.

Lou hat ihre krausen, dunklen Locken heute in zwei kurze Zöpfe gebunden. Bei Lou halten die Zöpfe richtig gut. In Sarahs Haaren hält nie was. Als sie eine Rolle an der Turnstange macht, fliegt ihre Sternchenhaarspange in den Sand.

„Ich hätte so gerne Haare wie Lou!“, ruft sie und ärgert sich, während sie die Spange zurück in ihren blonden, glatten Pony schiebt.

Lou schüttelt den Kopf. „Glatte Haare sind viel besser! Oder wenigstens so schöne große Locken wie Annas. Die kann man gut kämmen.“

Aber Anna widerspricht: „Meine Haare sind rot. Keiner sonst hat hier rote Haare. Ich hätte viel lieber blonde oder schwarze Haare!“

Da hat Lou eine Idee. Vorne, am Eingang zum Hinterhof, liegt doch der Friseursalon *Marthas haarige Welt*! Martha gibt ihnen manchmal Lakritze aus dem Bonbonglas an ihrer Kasse.

„Wir könnten Martha fragen, ob sie uns neue Haare macht!“, schlägt Lou vor. „Sie hat ja auch Lukas' Haare blond gemacht.“

Lukas ist ihr Nachbar. Er hat jeden Monat eine andere Frisur.

Manchmal erkennen die drei ihn gar nicht wieder, wenn er in der *Haarigen Welt* war.

Mit viel Klingeling stürmen die Mädchen wenig später in den Friseursalon. Martha guckt sie streng an, weil sie gerade einer älteren Dame die Haare schneidet. Also setzen sie sich brav auf das Wartesofa.

„Na, wollt ihr Lakritze?", fragt Martha, als die alte Dame bezahlt hat.

„Ich möchte so blonde, glatte Haare wie Sarah", sagt Anna.

„Und ich so knallrote, große Locken wie Anna", ergänzt Lou.

„Ich möchte schwarze, krause Haare wie Lou", fügt Sarah hinzu.

Martha schaut lachend von einer zur anderen. Dann sagt sie: „Ich bin zwar Friseurin, aber neue Haare zaubern kann ich euch nicht!"

Die Mädchen sind enttäuscht. Doch Martha fällt etwas ein.

„Oder vielleicht doch!", sagt sie.

Martha hat nämlich früher beim Theater gearbeitet und die Schauspieler und Schauspielerinnen frisiert und geschminkt. Deshalb hat sie in ihrem Salon einen Schrank mit ganz vielen Perücken. Sie holt drei davon heraus: eine mit glatten blonden Haaren, eine mit roten großen Locken und eine mit dunklen krausen Locken.

Die drei Mädchen setzen sich in die Friseurstühle. Lou bekommt die Anna-Perücke, Sarah bekommt die Lou-Perücke und Anna die Sarah-Perücke. Und dann frisiert Martha den dreien ihre neuen Haare.

„Das fühlt sich so anders an!", ruft Lou und streicht über die roten Locken. Sarah findet es schön, dass die Locken ihrer Perücke viel dicker sind als ihre eigenen Haare.

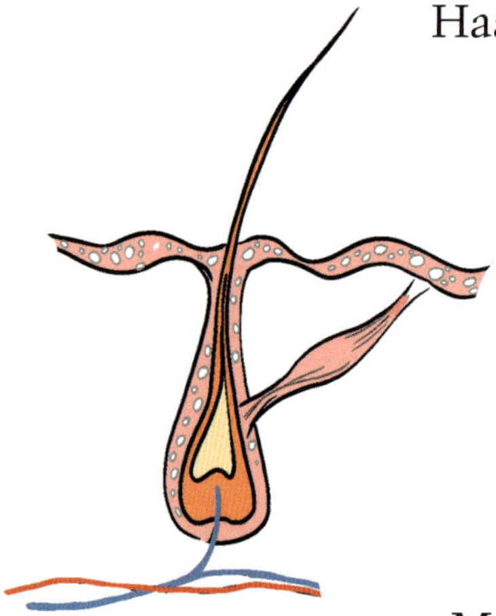

Anna erkennt ihr eigenes Spiegelbild kaum wieder. „Warum sind Haare so unterschiedlich?“, fragt sie.

„Eure Haare haben Wurzeln, unter der Haut. Dort werden Farbstoffe produziert, die heißen Melanine. Und wie beim Farbkasten bestimmt ihre Mischung, wie eure Haarfarbe aussieht. Ob eure Haare kraus, lockig oder glatt sind, liegt an der Form der Haarwurzel“, erklärt Martha.

„Und wieso sind Haarwurzeln verschieden?“, fragt Lou.

Martha erzählt weiter: „Euer Körper hat eine Art Bauplan. Das sind die Gene. Sie tragen alle Informationen darüber, wie ihr aussehen sollt. Das wissen sie wiederum von den Genen eurer Eltern. Deshalb hat Lou fast die gleichen Haare wie ihr Vater!“

„Jetzt nicht mehr!“ Lou kichert. „Dürfen wir die Perücken meinem Vater mal zeigen?“

„Natürlich! Der wird euch nicht wiedererkennen!“, antwortet Martha.

Sofort düsen die drei los. Lous Vater hat gerade eine Videokonferenz beendet, als sie in sein Arbeitszimmer schleichen.

„Das gibt's ja nicht!“, ruft er. „Wer von euch ist wer? Ach, egal, ihr seht alle super aus! Ich nenn euch ab jetzt Lousahna!“

Warum haben Menschen unterschiedliche Haare?

Da denkt Lou, wie schön es eigentlich ist, dass es nicht nur einen Bauplan für alle gibt. Das wäre so langweilig! Sie will plötzlich gar keine anderen Haare mehr als ihre eigenen. Sie nimmt die Perücke ab und verkündet: „Klar sehen wir super aus! Aber ich bin immer noch Lou!"

Auch Sarah und Anna wollen lieber wieder ihre eigenen Haare. Und als sich Lous Papa die Perücke mit den roten Locken aufsetzt, ist endgültig klar: Die eigenen Haare stehen allen am besten!

Der Drache im Berg

Es lebte einst ein Drache, der wurde immer von den anderen Drachen geärgert.

„Spuck mal Feuer!", riefen sie und lachten ihn aus, weil seine Flamme so schwach war. Manchmal kam sogar nur etwas gelber Rauch. Auch das Fliegen fiel ihm schwer. Er konnte vieles: Er kochte fantastisch und sang wunderschön. Doch in der Drachenwelt, wo alle so gerne mit ihrem prächtigen Feuerstoß protzten, zählte das nichts.

Eines Tages traf der Drache einen Zwerg.

„Wieso siehst du an einem Sonnentag so traurig aus?“, fragte der.

„Ach, ich tauge nichts als Drache. Mein Feuer ist zu schwach. Alle lachen mich aus“, seufzte der Drache.

„Gib nicht auf!“, sagte der Zwerg. „Es gibt einen, der dir helfen kann. Im Land hinter den großen Wäldern ist ein Berg. Darin lebt ein riesiger Drache. Sein Feuer ist so stark, dass es Steine zum Schmelzen bringt. Er kann dir bestimmt einiges beibringen.“

Da bekam der Drache wieder Hoffnung. Er lief nach Hause, packte sein Reisebündel und machte sich auf die Suche nach dem Drachenberg. Drei Tage lang musste er durch die großen Wälder reisen. In der Dunkelheit hörte er die Waldvögel kreischen und die Wölfe heulen. Das machte ihm Angst, obwohl er ein Drache war. Aber er gab nicht auf. Schließlich erreichte er den Waldrand. Vor ihm lag eine Ebene und mitten auf der Ebene erhob sich ein Berg. Er sah aus, als hätte jemand seine Spitze abgeschnitten. Rauchwolken dampften daraus in den Himmel. Der Drachenberg! Aufgeregt stapfte der Drache darauf zu.

Plötzlich wackelte der Boden, der Berg grollte düster. Eine glühende Fontäne blubberte heraus und rann an seinem Hang herunter. Das war sicher der Bergdrache! Er spuckte geschmolzenes Gestein aus dem Inneren des Berges. Der Drache lief schneller. Das wollte er auch lernen!

Am Fuße des Berges stand in sicherer Entfernung eine Hütte. Der Drache eilte daran vorbei, um auf den Berg zu klettern. Da rief jemand: „Drache, was tust du da?"

Vor der Hütte stand eine Frau in einem Forschungsanzug.

„Ich gehe zum Drachen im Berg, damit er mir beibringt, wie ich richtig Feuer spucke!", antwortete der Drache.

„Heute ist es gefährlich, auf den Berg zu klettern", warnte die Frau. „Komm in meine Forschungsstation! Ich wollte gerade etwas kochen."

Der Drache zögerte. Vielleicht konnte die Forscherin ihm ja etwas über den Bergdrachen erzählen? Und Hunger hatte er auch. Also folgte er ihr hinein. Die Forschungsstation hatte eine hübsche Küche. Da juckten dem Drachen gleich die Tatzen!

„Kann ich dir beim Kochen helfen?", fragte er.

„Gern, ich kann nicht so gut kochen", gab die Forscherin zu.

Aber zusammen kochten sie sehr, sehr gute Spaghetti. Nach dem Essen bat der Drache: „Erzähl mir vom feuerspeienden Drachen im Berg!"

Können Steine flüssig werden?

Die Forscherin lächelte freundlich und erklärte: „Oh, es gibt keinen feuerspeienden Drachen im Berg. Der Berg selbst speit das Feuer. Es ist ein Vulkan. Und ich bin Vulkanforscherin."

Der kleine Drache weinte fast vor Enttäuschung. „Ein Vulkan?"

Er tat der Forscherin sehr leid. „Sieh mal", sagte sie, „im Inneren unserer Erde ist es unglaublich heiß. Bis zu 6000 °C! Deshalb ist das

Gestein dort flüssig. Man nennt es Magma. Unsere Erdkruste ist zum Glück fest, aber an manchen Stellen findet das Magma einen Weg hinaus, durch einen Riss zum Beispiel. Dann entsteht ein Vulkan. Durch einen Schlot drückt sich das flüssige Gestein nach oben und fliegt als Lava durch den Krater heraus. Und wenn die Lava den Berg herunterfließt, kühlt sie ab und wird zu festem Stein."

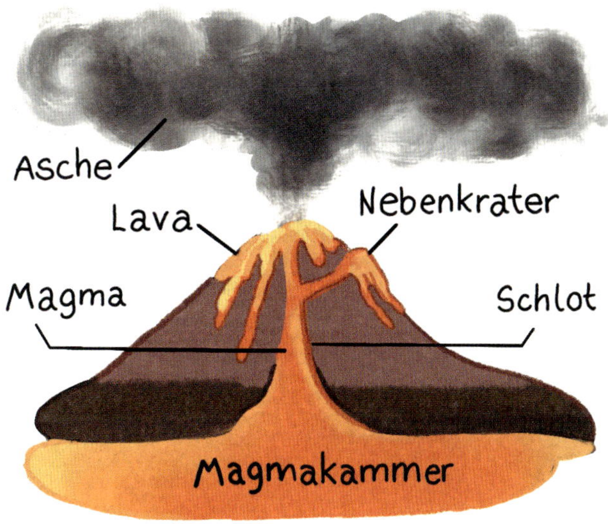

„Kein Drache im Berg", flüsterte der Drache. „Ich werde nie lernen, richtig Feuer zu spucken!"

Die Forscherin überlegte, dann sagte sie: „Jemanden, der Feuer spuckt, kann ich hier nicht brauchen, mir reicht mein Vulkan. Werde mein Forschungsassistent und mein Koch, das wäre fein! Dann würde das Forschen gleich viel mehr Spaß machen."

Der Drache riss die Augen auf. Er, ein Forschungsassistent? Da würden die anderen Drachen ganz schön staunen!

Und so wurde aus dem Drachen zwar nie ein guter Feuerspucker, dafür aber ein echter Vulkanexperte.

Der unheimliche Schlafzauber

Als Piratenkapitän Sören Sömmelspriet an diesem Morgen aus der Kajüte tritt, scheint ihm die Sonne warm auf den zerknautschten Piratenhut. Laut und herzhaft gähnt er. Bestimmt schrubbt seine Mannschaft schon das Deck und flickt fleißig die Segel!

Doch was ist das? Der Krabitzige Klaus, der gerade noch vor ihm brav die Planken poliert hat, sieht ihn an und gähnt ebenfalls. Kurz darauf gähnt auch Smutje Sven das Seil an, das er gerade aufrollt. Die Starke Frida reißt ihren Mund ebenfalls mit wohligem Gurgeln auf. Sie gibt das Gähnen an den Kahlen Baltasar weiter,

auf dessen Schulter der Papagei Pistoletti in die Gähnerei einstimmt. Von Pirat zu Piratin bis hinunter zu den Schiffsratten breitet sich das Gähnen über das ganze Schiff aus. Wie eine Seuche.

Der Kapitän traut seinen Augen nicht: Beim Klabautermann, schlafen hier gleich alle ein? Da muss er plötzlich an das Märchen von Dornröschen denken. Darin wird ein ganzes Schloss in den Schlaf gezaubert!

Ihm fällt es wie Schuppen von den Augen: Genau das muss mit seinem Schiff passiert sein! Jemand hat seine Mannschaft verzaubert! Wenn er nicht schnell etwas unternimmt, dann fallen alle in einen hundertjährigen Schlaf und das lustige Piratenleben ist vorbei. Denn wer würde schon kommen und eine ganze Piratenmannschaft wach küssen?

„Anker lichten, Segel hissen!“, brüllt er die erstaunten Piraten an. „Zack, zack! Wir fahren zum Neunmalschlauen Knut!“

Der Neunmalschlaue Knut hat eine ganze Hütte voller Zaubertinkturen und Ratschläge für abergläubische Seeleute. Nur er kann sie jetzt noch retten! Da ist sich Sömmelspriet sicher. Seine Mannschaft hat gar keine Lust, sich so früh am Morgen abzuhetzen. Aber zum Streiten ist sie auch zu müde, also nehmen sie Kurs auf die Insel des Neunmalschlauen Knut. Die ganze Fahrt über rennt der Kapitän von einem zum anderen und ruft: „Wach bleiben, ihr guten Piraten! Schlaft nicht ein!“

„Er ist verrückt geworden“, flüstert der Krabitzige Klaus Frida zu.

Als sie endlich anlegen, saust Sören Sömmelspriet wie eine Kanonenkugel die Planke hinunter an den Strand und zur Hütte vom Neunmalschlauen Knut.

„Wir sind in höchster Gefahr!“, schreit er so laut, dass Knut in seiner langen Unterhose mit gezücktem Säbel aus der Hütte stürmt.

„Ein Schlafzauber!“, ruft Sömmelspriet. „Du musst uns retten!“

Knut lässt den Säbel sinken.

„Ein Schlafzauber, sagst du? Deine Mannschaft sieht doch eigentlich ganz wach aus."

„Alle gähnen! Einer nach dem anderen! Meine Piraten sind verhext", ruft Sömmelspriet. Und dann flüstert er: „Wie Dornröschen!"

Da lacht Knut. Diese Piraten! Die glauben auch wirklich jede Geschichte!

„Wer hat als Erster gegähnt?", fragt er.

„Na, ich", gibt Sömmelspriet zu.

„Gähnen steckt an, mein Lieber. So wie Lachen. In deinem Kopf, da gibt es kleine Zellen, die wie ein Spiegel für Gefühle funktionieren. Und wenn du jemanden gähnen siehst, dann musst du auch gähnen, weil du das Gefühl gut kennst", sagt Knut und gähnt herzhaft. „Es funktioniert sogar, wenn man nur darüber spricht, siehst du!"

Sömmelspriet muss nun selbst ein Gähnen unterdrücken.

„Das ist kein Fluch, das ist Erholung!", erklärt Knut. „So ein Gähnen entspannt dich nämlich und kühlt dein Gehirn ein bisschen ab. Durch die Luft, die du damit aufnimmst. Dann kannst du wieder frisch denken und dich besser konzentrieren. Verstehst du?"

„Also schläft meine Mannschaft davon nicht ein?", fragt Sömmelspriet.

„Nee, du, die hält sich damit wach, wenn sie müde ist oder Langeweile hat. So wie jetzt!"

Oben auf dem Schiff stehen nämlich fünfzehn gähnende Matrosen.

„Die müssen nicht wach geküsst werden, die brauchen Frühstück! Ahoi, Jungs!", ruft Knut und winkt. „Hier gibt's jede Menge Kartoffelsuppe und Kokoskakao!"

So schnell ist noch keine Mannschaft vom Schiff gesaust! Und Kapitän Sömmelspriet ist doppelt froh: darüber, dass seine Mannschaft nicht verzaubert ist – und darüber, dass sie alle so ein schönes Piratenfrühstück bekommen.

Tulipas Regenbogen

Der ganze Ärger begann, weil es regnete und gleichzeitig die Sonne schien. Ein herrlicher Regenbogen überspannte das Elfental. Und da war es um die kleine Tulipa geschehen.

„Ich liebe den Regenbogen!“, rief sie und tanzte wild über die Wiese.

Dann hörte der Regen auf und die Sonne zauberte zarten Dunst über das Gras. Der Regenbogen aber war fort.

Seitdem weint Tulipa. Es ist ihr egal, wie oft die älteren Elfen ihr erklären, dass der Regenbogen erst zurückkehrt, wenn Sonne und Regen sich aufs Neue treffen.

Sie heult: „Ich will ihn aber jetzt!“

Leider ist sie sehr stur.

Ihr Bruder Birko kann nicht mehr in Ruhe spielen, weil sie in einem fort über den verlorenen Regenbogen jammert.

„Das geht vorbei“, sagen die Eltern.

Tut es nicht. Es wird immer schlimmer. So stur ist Tulipa.

Irgendwann hat Birko genug.

„Ich hole dir den Regenbogen“, sagt er zu ihr. „Wenn du nur endlich still bist!“

Sofort verstummt Tulipa. Sie setzt sich ans Fenster ihres Hügelhauses.

„Ich geh hier nicht weg, bevor du mit dem Regenbogen zurück bist!“, erklärt sie.

Birko läuft auf direktem Weg zum Wetterfrosch. Er will ihn fragen, wann sich Sonne und Regen endlich wieder treffen.

„Gar nicht", sagt der Wetterfrosch. „Es kommt eine trockene Zeit. Kein Regen."

Birko überlegt. Vielleicht gibt es jemanden, der einen Regenbogen bauen kann? Er geht zum Biber, der für seine Baukunst berühmt ist.

„Ein Bogen ist kein Problem. Aber der Anstrich! Wie viele Farben brauchen wir dafür? Hast du sie gezählt?", fragt der Biber.

Hat Birko nicht. Er weiß aber, wenn er mit einem falschen Regenbogen nach Hause käme, würde alles noch schlimmer.

Also fragt er jeden, den er trifft, nach den Farben. Niemand weiß Genaues, jeder antwortet etwas anderes.

So ist das manchmal.

Da begegnet er zum Glück der weisen Fee Physikia.

„Das Geheimnis ist: Das Licht der Sonne ist weiß", sagt sie. „Aber es hält die Farben des Regenbogens in sich versteckt. Komm mit!"

Wie viele Farben hat ein Regenbogen?

In ihrem Arbeitszimmer zeigt sie ihm eine kleine Glaspyramide.

„Das ist ein Prisma. Leuchte mal mit deinem Elfenstab darauf!“, fordert sie Birko auf.

Das tut er. Der weiße Lichtstrahl trifft auf das Glas der Pyramide. Auf der anderen Seite kommt er bunt heraus und färbt alles, was er trifft, in Regenbogenfarben.

„Zauberei!“, flüstert Birko.

„Wissenschaft!“, widerspricht Physikia lachend.

„Das weiße Licht besteht aus farbigen Wellen. Sie unterscheiden sich: Die roten etwa sind länger als die blauen. Das Glas des Prismas bricht das Licht. Kürzere Wellen lenkt es stärker ab als längere. So kannst du die Farben sehen, die das Licht sonst versteckt.“

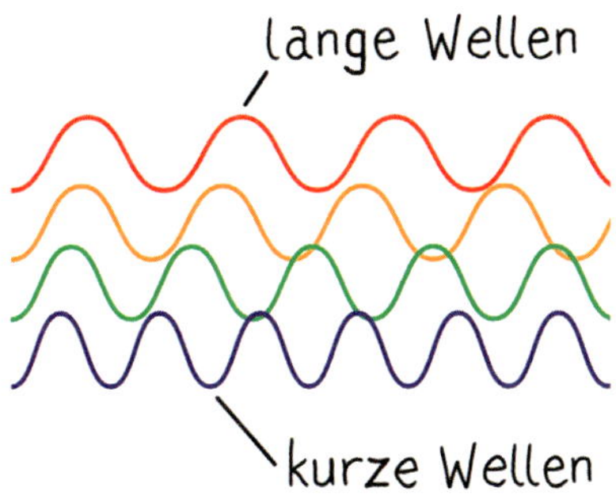

Birko zählt sie staunend. „Es sind sechs, oder?“

„Es sind sogar sieben: Rot, Orange, Gelb, Grün, Hellblau, Indigoblau und Violett.“

Der kleine Elf staunt. „Und der Regen macht das auch mit dem Licht der Sonne?“

„Er macht sogar noch mehr, denn ein Wassertropfen ist rund. Er bricht das Licht, wie das Prisma, und spiegelt es dann“, erklärt Physikia. „Deshalb sehen wir den Regenbogen. Wenn ich in der Sonne den Rasen sprenge, entsteht auch einer.“

„Bitte“, fragt Birko, „darf ich das Prisma für meine Schwester mitnehmen? Wir haben weder Regen noch Rasensprenger – es würde ihr helfen, auf den nächsten Regenbogen zu warten.“

Die Fee willigt gerne ein. Als Dank lässt Birko ihr heimlich so viel Elfenstaub da, dass sie für den Rest ihres Lebens Glück hat.

Tulipa lässt die Flügel hängen, als Birko zurückkehrt. Er hat ihr keinen Regenbogen mitgebracht, das sieht sie sofort!

Doch Birko lacht. „Schau nur, stures Elfchen! Bis zum nächsten Regenbogen machst du deinen eigenen Farbenzauber!“

Er zieht das Prisma hervor und richtet seinen Lichtstab darauf. Alle sieben Regenbogenfarben fallen in einem bunten Strahl auf die Steine vor ihren Füßen. Tulipa hüpft vor Freude. „Du bist der beste Bruder der Welt!“, ruft sie.

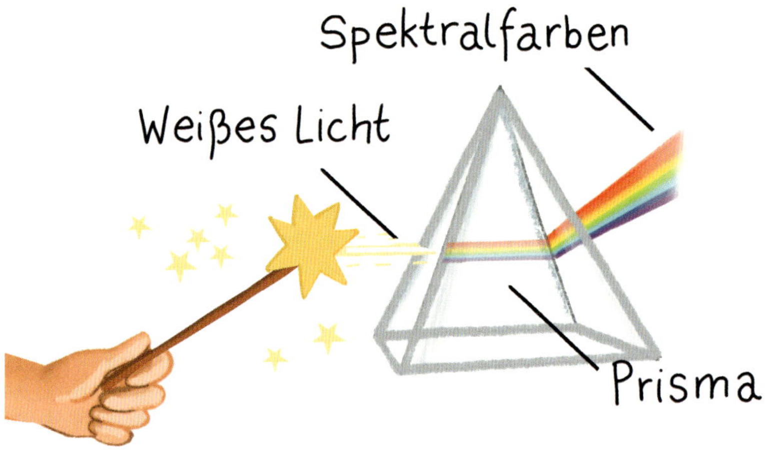

Wann immer sie von da an wütend oder traurig wird, zieht sie ihren Regenbogenzauber hervor und der Ärger verfliegt wie Morgennebel.

Und Birko kann endlich wieder in Ruhe spielen.

Der Ritter auf der Rutsche

„Wer da?“, schallt es vom Rutschenturm herunter.

Nadja sieht erschrocken hoch. Na so was! Da oben steht ein Ritter!

„Papa, komm schnell!“, ruft sie.

Papa ist schon da.

„Sprecht, sind eure Absichten friedlich?“, fragt der Ritter.

Dann klingt es, als würde er ordentlich gegen die Wand rumsen.

„Au! Welch Narr baut solch beengende Wachtürme?“, flucht er.

„Vorne an der Rutsche geht es raus!“, ruft Nadja.

Nach etwas Krach und Klirr erscheint der Ritter am oberen Ende der Rutsche. Mit einem gepanzerten Fuß gerät er auf die Rutschbahn,

gleitet aus – und schon saust er scheppernd die Bahn hinunter und landet rücklings im Sand.

Nadja und Papa müssen ihm auf die Füße helfen.

„Wo ist meine Burg?“, stammelt der Ritter.

„Hier ist keine echte Burg“, erwidert Nadja. „Nur die Rutsche.“

„Keine Burg?“ Dem Ritter verschlägt es die Sprache.

„Komm erst mal mit zu uns“, sagt Papa. „Dann sehen wir weiter.“

Warum bauen die Menschen keine Burgen mehr?

Auf dem Weg erzählt der Ritter, was ihm passiert ist. Es ist unglaublich! Sein Erzfeind Fürst Roderick hatte ihm ein Friedensangebot gemacht. Zum Zeichen, dass er es dieses Mal wirklich ernst meinte, schickte er ein Fass seines besten Weines. Doch als der Ritter davon kostete, fiel er einfach in Ohnmacht. Und wachte auf der Spielplatzburg auf statt auf seiner eigenen. Was für eine gemeine Zauberei! Seine prächtige Burg – einfach weg!

Nadja aber ist begeistert: ein echter Ritter aus der Ritterzeit, hier bei ihnen!

Der aber fühlt sich in ihrer Siedlung gar nicht wohl.

„Wo ist die Burg, die all diese Häuser beschützt?“, will er wissen.

„Vor wem denn?“, fragt Nadja.

„Vor fremden Fürsten, die versuchen, euer Land zu erobern

und eure Felder zu plündern!", erklärt der Ritter. „Ohne meine Burg könnte ich meinen Besitz nicht verteidigen."

Papa räuspert sich. „Ähm, wir leben in Deutschland. Wir haben Frieden", sagt er.

„Deutschland?", fragt der Ritter.

„Stell dir vor, alle Fürsten tun sich zusammen und schließen Frieden. Dann wählen sie eine Regierung, die sich um alle ihre Ländereien und die Menschen darin kümmert. Mit einem Gesetz, in dem Regeln stehen, die für alle gelten. Fürsten, die ihre eigenen Regeln machen, gibt es nicht mehr.

So ist das heute bei uns", erzählt Papa. „In Deutschland braucht man keine Burgen mehr."

„Aha", sagt der Ritter. „Das klingt verrückt."

Als er mit Nadja und Papa ins Haus geht, staunt er.

„Wie warm es hier ist! Auf der Burg ist es kalt", seufzt er. „Außer in der Kemenate."

„Hat deine Burg keine Heizung?", fragt Nadja.

„Meine Burg ist groß", sagt der Ritter stolz. „Mein Rittersaal ist prächtig! Wir speisen dort, feiern Feste und empfangen Gäste. Aber kein Kamin kann den Saal im Winter warm halten! Eisig ist es dann dort, brrr ... Aber ihr solltet meine Waffenkammer sehen!"

Plötzlich zischt es laut. Dann macht es „Plopp!“ und ein Junge in wollenem Mantel und mit Stiefeln liegt vor ihnen auf dem Teppich. Er sieht sich erschrocken um, bis er den Ritter entdeckt.

„Wo … wo bin ich? Herr Lanzenrot! Fürst Roderick erobert gerade unsere Burg! Er hat Euch hereingelegt, der Schuft!“, ruft er und hält einen Kelch hoch. „Hier, Bruder Patrick hat Euch einen Heimkehrtrank gemischt. Eilt Euch!“

„Mein Knappe!“ Ritter Lanzenrot zögert. „Es ist so heimelig hier …“

„Edler Herr, ohne Euch ist die Burg verloren!“, fleht der Knappe.

„Reiche mir den Trank!“, befiehlt Ritter Lanzenrot da. „Was wäre ich ohne meine Burg – und meine Burg ohne mich! Sie ist zwar nicht warm, und friedlich ist es dort auch nicht, wegen dieser Laus Roderick. Aber er kriegt sie nicht! Lebt wohl!“

Er und sein Knappe kippen kurzerhand den Zaubertrank hinunter – und verschwinden. Papa und Nadja reiben sich die Augen.

„Meinst du, er gewinnt?“, fragt Nadja.

„Fragen wir doch mal Onkel Piet!“, sagt Papa und nimmt das Telefon. Onkel Piet arbeitet nämlich im Burgmuseum.

„Ein Fürst Roderick hat nie eine Burg in dieser Gegend erobert“, stellt er fest.

Nadja und Papa klatschen sich ab. Und nächsten Sonntag machen sie selbst eine Zeitreise: zu Onkel Piet ins Burgmuseum.

Die mutigsten Meisen der Welt

Im Naturkundemuseum, oben, im Loch in der Wand, wohnen die mutigsten Meisen der Welt. Sie fürchten weder Falke noch Katze. Sie sind schlau und flattern Vogelfressern nicht vor das Maul oder die Kralle. Und wenn im Museumsgarten Falkenalarm ist und alle in Panik geraten, lenken sie den Räuber ab. Damit die anderen sich verstecken können. So mutig sind diese Meisen. Sie haben nämlich ein Geheimnis. Und das werden die Meisenkinder Mis, Mes und Mo heute Nacht erfahren. Aufgeregt folgen sie Mama Meise durch den geheimen Waschbärengang ins Museum.

„Wer da?“, ruft der Waschbär, der gerade in der Mülltonne wühlt.

„Wir sind's!“, flötet Mama Meise.

„Mir nach“, sagt der Waschbär.

Er weiß, wie man das Licht in der Halle mit den Dinosauriern anmacht. Genau da will Mama Meise mit Mis, Mes und Mo hin.

Doch als das Licht angeht, ducken sich die drei Meislein erschrocken. In der Halle steht ein Tier! Tausendmal größer und bestimmt tausendmal gefährlicher als die Katze! Und mit tausend scharfen Zähnen! Mindestens!

„Das", erklärt Mama Meise, „ist ein Tyrannosaurus Rex. Er ist nicht echt. Die Menschen haben seine versteinerten Knochen gefunden und ihn nachgebaut. Der echte Tyrannosaurus Rex ist vor 60 Millionen Jahren ausgestorben."

Den Meislein klappern die Schnäbel.

„Ich zeig's euch", sagt Mama Meise, fliegt ins aufgerissene Maul des Dinosauriers und setzt sich hinter seine fürchterlichen Zähne. Einfach so.

Mis traut sich als Erste, ihr zu folgen. Und bald hüpfen auch Mes und Mo im Maul des Untieres herum.

„Gut, dass er ausgestorben ist! Er würde alles kaputt trampeln“, sagt Mo.

„Und alle fressen!“, piepst Mis.

„Wieso ist er ausgestorben? Er ist so groß und stark“, fragt Mes.

Mama Meise breitet ihre Flügel aus.

„Hört zu, was Uropa Meise herausgefunden hat. Er hat die Menschen belauscht, als sie hier Dinosaurierknochen untersuchten.“

Mis, Mes und Mo hocken sich vor Mama Meise. Uropas Geheimnis! Endlich!

Mama Meise erzählt: „Vor 65 Millionen Jahren sah die Welt anders aus. Es gab andere Tiere: Dinosaurier. Es gab andere Pflanzen. Keine Menschen! Die Dinosaurier jedoch hatten es damals schon lange schwer. Das Klima und die Pflanzen veränderten sich. Sie fanden deshalb weniger zu fressen. Und ein Dinosaurier frisst sehr viel!“

Unten schmatzt der Waschbär. Mis, Mes und Mo aber stellen sich die mampfenden Riesentiere vor. So ein Dinosaurier konnte bestimmt eine Million Würmer auf einmal verputzen! Oder einen Baum, je nachdem, was ihm besser schmeckte.

Mama Meise fährt fort: „Außerdem brachen Vulkane aus, die Kontinente verschoben sich, es gab Flutwellen. Es war so viel los auf der Welt!"

„Ui", piepst Mo.

„Und dann", sagt Mama Meise, „bumm!"

Ihre Kinder zucken zusammen. „Ein riesiger Felsbrocken aus dem All, ein Asteroid, donnerte auf die Erde und wirbelte viel Staub auf. Die Sonne war nicht mehr zu sehen. Es war monatelang dunkel und kalt."

Der Waschbär macht versehentlich das Licht aus und ruft: „Ups!"

Mama Meise erzählt unbeirrt weiter: „Pflanzen starben ab. Dann, als der Staub fort war, wurde es unerträglich heiß …"

Die Meislein halten die Luft an. Das Licht geht wieder an.

Mama Meise lächelt beruhigend und sagt: „So vermuten es die Menschen. Ganz genau wissen sie es nicht. Alles veränderte sich und die Dinosaurier konnten sich nicht mehr daran anpassen. Sie starben aus. Aber ratet mal, welche Saurier nicht ausstarben!"

Mes, Mis und Mo haben keine Ahnung.

„Unsere Vorfahren, die Vogelsaurier!“, erklärt Mama Meise stolz. „Wir sind die nächsten Verwandten der Dinosaurier.“

„Das da ist ein Verwandter?“, staunt Mo und starrt die spitzen Zähne an.

„Ja“, bestätigt Mama Meise. „Nur: Wir Vögel sind bis heute da. Er nicht.“

Mes, Mis und Mo fühlen sich plötzlich ganz stark. Sie sind zwar Meisen – aber mit dem Mut eines Vogelsauriers!

Mama Meise ist zufrieden. Jetzt kann sie die drei getrost in die Welt hinausschicken.

„Säugetiere“, brummt der Waschbär, „gibt's auch immer noch.“

Mes, Mis und Mo aber träumen von der guten Zeit der Dinosaurier. Von Riesenfarnen, Langhälsen – und gefiederten Zweibeinern, die jede Gefahr überstehen.

Hakim darf nichts essen

Ada hat gestern Geburtstag gefeiert. Und heute bringt ihr netter Nachbar Hakim ihr ein Päckchen mit neuen Malstiften.

„Herzlichen Glückwunsch, liebe Ada!“, sagt er.

Ada freut sich riesig über die Stifte. Sie zieht Hakim an der Hand ins Haus hinein und ruft: „Du musst meinen Kuchen probieren! Es ist noch ein bisschen da! Ich habe ihn selbst gebacken! Mit Mama!“

Mama winkt aus der Küche. „Hallo, Hakim!“

Hakim lächelt. „Pack mir doch ein Stück ein, Ada. Dann mache ich das heute Abend.“

„Wieso?“, fragt Ada enttäuscht. Sie will doch unbedingt wissen, wie ihr Kuchen Hakim schmeckt. Der aber sagt etwas Komisches: „Heute hat der Ramadan begonnen. Ich faste.“

Ada versteht gar nichts. „Was ist Ramadan?“

„Du weißt doch, dass ich in die Moschee gehe, oder?“, fragt Hakim.

Ada nickt.

„Das mache ich, weil ich Muslim bin. Meine Religion ist der Islam. Ramadan ist der neunte Monat im islamischen Kalender. In diesem Monat haben wir vor 1400 Jahren unseren Koran erhalten, unser heiliges Buch. Darin steht, wie wir Muslime leben sollen.“

Was ist eigentlich Ramadan?

„Und warum darfst du keinen Kuchen essen?“, fragt Ada. Nur weil man ein wichtiges Buch bekommt, muss man ja nicht mit dem Essen aufhören.

„In dem Buch steht, dass die Muslime im Ramadan fasten, beten und besonders großzügig zu anderen Menschen sein sollen“, erklärt Hakim. „Fasten heißt: Wir essen und trinken zwischen Sonnenaufgang und Sonnenuntergang nichts. Wir denken an die Armen und daran, was Allah uns gelehrt hat. So nennen wir Gott.“

„Aber dann verhungert ihr ja!“, ruft Ada und guckt traurig auf das Kuchenstück.

„Nein“, beruhigt Hakim sie. „Bevor die Sonne aufgeht, esse ich ein großes Frühstück, um mich für den Tag zu stärken. Wenn die Sonne untergeht, breche ich das Fasten – mit der ganzen Familie. Das nennen wir Iftar. Da gibt es ein großes Fastenmahl.“

„Und dann darfst du meinen Kuchen essen?“, fragt Ada.

„Ja“, bestätigt Hakim. „Wie wäre es, wenn ihr vorbeikommt? Heute Abend feiern wir das Iftar bei mir.“

Ada schaut Mama an. „Bitte, Mama, können wir? Dann faste ich heute auch.“

„Kinder fasten nicht“, sagt Hakim. „Du musst doch noch wachsen. Ihr könnt auch so kommen! Ich würde mich freuen.“

Ada ist furchtbar gespannt auf den Abend. Zu Hause fragt sie Mama alle zehn Minuten: „Wann geht die Sonne unter?“

Denn darauf müssen sie ja warten. Aber wenn Ada auf etwas wartet, sind die Uhrzeiger doppelt so langsam wie sonst. Doch dann ist es endlich so weit und sie können zu Hakim gehen. Papa kommt auch mit. Ada trägt ihr bestes Kleid.

„Willkommen!“, begrüßt Hakim sie.

Hakims Familie ist schon da. Es sind viele Gäste gekommen, auch Hakims Neffen Ramin und Tarek sind da. Ada kennt sie aus dem Kindergarten. Alle haben etwas zu essen mitgebracht und Hakim hat viel gekocht. Die Küche ist voller leckerer Sachen.

Aber obwohl alle Hunger haben nach dem langen Tag ohne Essen, müssen sie immer noch warten. Es gibt nämlich eine genaue Uhrzeit für den Sonnenuntergang. Ada findet, es ist schon dunkel genug draußen. Sie ist ganz zappelig.

Endlich ist es so weit und jeder bekommt ein Glas Wasser und eine Dattel gereicht. Ada knabbert vorsichtig an der Dattel. Hm, ganz süß!

Bevor sie aber mit dem richtigen Essen anfangen, liest Hakim etwas aus dem Koran vor. Dann erst beginnt das Fastenmahl. Es gibt viele Sachen, die Ada nicht kennt. Kibbeh etwa, knusprige, gefüllte Klöße, oder süßes Marouk-Brot. Alles ist so lecker! Die Gäste lachen und plaudern und es fühlt sich an wie noch ein Geburtstag.

„Ich freu mich schon aufs Zuckerfest!", sagt Ramin.

„Was ist das Zuckerfest?", fragt Ada.

„Am Ende vom Ramadan kommt das Zuckerfest", erklärt Ramin. „Die Kinder kriegen drei Tage lang Geschenke und Süßigkeiten. Es gibt viel Besuch. Das ist mein Lieblingsfest."

Adas Lieblingsfest ist Weihnachten. Aber das Zuckerfest klingt genauso toll. Ob Hakim sie dann noch einmal einlädt? Erst mal probiert er jetzt ihren Kuchen.

„Der ist fabelhaft!", sagt er. „Zeigst du mir am Zuckerfest, wie man ihn backt?"

O ja, das macht Ada gerne! Nun ist sie aber ganz schön müde vom Iftar. Nur wenig später trägt Papa sie schlafend nach Hause. Der Mond steht in einer ganz schmalen Sichel am Himmel. So wie er es immer tut, wenn der Ramadan beginnt.

Opa Heinrich ist nicht mehr da

Warum müssen wir alle einmal sterben?

Leo findet das komisch: Alle seine Freunde haben zwei Opas, aber er hat nur einen. Wie kann das sein?

„Oma, hast du eigentlich immer alleine gelebt?", fragt er seine Oma.

Die lacht. „Natürlich nicht! Da gab es den Opa Heinrich, deine Tante Melli und deinen Papa. Stell dir vor, der war auch mal ein Baby! Ein kleiner Frechdachs!"

Leo kann sich gar nicht vorstellen, dass Papa mal ein Baby oder ein Frechdachs war. Aber er will etwas anderes wissen: „Wo wohnt Opa Heinrich jetzt?"

„Opa Heinrich ist gestorben, kurz bevor du geboren wurdest", sagt Oma und streicht über Leos Haar. „Er hätte dich bestimmt gerne kennengelernt."

Leo hätte Opa Heinrich auch gerne kennengelernt. Er wird ganz traurig.

„Warum ist Opa gestorben?“, fragt er.

Oma sagt: „Opa war sehr, sehr krank.“

Leo kriegt einen Riesenschreck.

„Oma, du wirst aber nicht so krank, oder? Du stirbst nicht, oder?“, fragt er.

Oma streckt die Arme nach oben und hüpft auf der Stelle. „Keine Sorge, ich bin topfit! Ich habe gerade überhaupt nicht vor, krank zu werden oder zu sterben. Aber irgendwann müssen wir alle sterben. So ist das eben.“

„Aber warum ist das so?“, fragt Leo.

Er will, dass niemand stirbt, schon gar nicht Oma. Oder Papa. Oder Mama.

Oma nimmt Leo auf den Schoß und erklärt: „Irgendwann hört dein Körper auf zu funktionieren, Leo. Das geschieht, wenn ein Mensch sehr, sehr alt oder sehr, sehr krank ist. Oder wenn er einen sehr, sehr schlimmen Unfall hat. Und wenn der Körper nicht mehr funktioniert, stirbt man. Das gehört zu unserem Leben: Wir werden geboren und sterben. Das ist für jeden von uns so.“

„Aber du warst doch bestimmt traurig, als Opa gestorben ist, oder?“, fragt Leo.

„Ja, das stimmt“, sagt Oma. „Ich habe viel geweint und ihn sehr vermisst. Ich konnte ja plötzlich nicht mehr mit ihm lachen oder Mühle spielen oder ihn umarmen. Ich habe sogar seine schlechten Witze vermisst!“ Sie lacht. „Und dann bist du geboren worden, genauso ein lustiger Frechdachs wie dein Papa. Das war wundervoll!“

Sie hebt Leo von ihrem Schoß, steht auf und holt ein dickes Fotoalbum aus dem Schrank. „Und ich habe ja noch das hier.“

Sie schlägt das Album auf.

„Willst du Opa Heinrich kennenlernen?“, fragt Oma.

Auf der ersten Seite ist ein Foto von Opa Heinrich. Er trägt ein dickes Kaninchen auf dem Arm. „Das Kaninchen hieß Lotte, das hat er großgezogen. Ein Prachtstück!"

Und dann zeigt Oma Leo alle Bilder von Opa Heinrich und erzählt viele Geschichten über ihn. Wie er bei der Freiwilligen Feuerwehr geholfen hat. Wie sehr er das Meer mochte. Wie gut er Tiere nachahmen konnte und damit alle zum Lachen brachte. Wie er ihr immer Sonnenblumen mitgebracht hat. Wie gerne er Fußball gespielt hat.

Das klingt, als wäre Opa Heinrich ziemlich nett gewesen. Bestimmt hätten er und Leo sich prima verstanden!

„Jetzt kenne ich Opa Heinrich doch ein bisschen", meint Leo, als Oma das Fotoalbum zuklappt.

„Ja", sagt Oma, „wenn jemand stirbt, ist er nicht ganz weg. Wir erinnern uns an ihn und er gehört immer noch zu uns, weißt du. Auch wenn es uns traurig macht, dass er nicht mehr da ist und mit uns spielen kann. Das gehört eben leider dazu."

Leo atmet tief durch. Er findet das schwer zu verstehen, das mit dem Leben und dem Sterben. Aber das Erinnern und die Geschichten über Opa Heinrich findet er schön. Oma ist so fröhlich, wenn sie von ihm erzählt. Als ob er immer noch da wäre.

Deshalb fragt er: „Meinst du, Opa Heinrich kann uns irgendwie hören?"

Oma wackelt mit dem Kopf. „Ganz sicher kann ich das nicht sagen. Keiner kann das sicher sagen." Sie lächelt. „Ich glaube aber, er kann uns hören. Es kommt mir so vor."

Da legt Leo die Hände an den Mund und ruft: „Hallo, Opa Heinrich, falls du mich hörst: Ich mag dein Kaninchen und ich spiele Fußball, wie du!"

Oma lacht. „Das wird ihm gefallen. Also, falls er uns hört."

Dann schenkt Oma Leo das Foto von Opa Heinrich mit dem Lederfußball unter dem Arm. Nun kann Leo sich auch an ihn erinnern, wie Oma.

Die abenteuerliche Reise der Familie Wurm

Wenn der März vorbei ist, ist in Neuseeland Apfelernte. Dann startet die große Reisezeit. Familie Wurm packt ihre Siebensachen und plant eine Weltreise mit dem Apfelexpress.

„In Europa“, sagt Papa Wurm, „fängt jetzt der Frühling an! Genau richtig für uns.“

„Erzähl uns davon!“, rufen die Wurmkinder.

„Wenn hier die Apfelbäume kahl werden“, beginnt Papa Wurm, „blühen in Europa die Bäume. Im Herbst ist dort alles voller knackiger Äpfel!“

In der Nacht träumen die Wurmkinder von Europa. Sie wollen alles sehen! Rhabarber im April, Erdbeeren im Mai, Kirschen im Juni, Pflaumen im Juli, Blaubeeren im August, Äpfel im September, Trauben im Oktober … alles wächst zu einer anderen Zeit als in Neuseeland.

Am nächsten Tag startet der Apfelexpress. Familie Wurm sucht sich einen schönen Platz in einem süßen Apfel. Die Äpfel kommen in Apfelkisten und die werden in einen Container verladen. Dann heißt es: Festhalten! Hui, wie rumpelt der Lastwagen über die Straßen zum Hafen! Mama Wurm wird seekrank.

Ein Kran hebt im Hafen von Auckland den Apfelcontainer auf ein Schiff. Die Fahrt wird ruhiger. Vier Wochen fährt das Schiff über die Meere. Zum Glück hat Familie Wurm in der Apfelkiste genug zu essen dabei. Und ihre Lieblings-Wurmspiele. So eine Weltreise mit dem Apfelexpress kann nämlich ganz schön langweilig werden!

„Wann sind wir da?“, fragen die Wurmkinder jeden Tag.

„Geduld“, sagt Papa Wurm dann. „Um nach Europa zu kommen, müssen wir über fünf Meere fahren. Das ist einmal um die halbe Welt.“

Für einen kleinen Wurm ist das unvorstellbar weit! Kein Wunder,

dass die Wurmkinder vor Aufregung Schluckauf kriegen, als im Hamburger Hafen der Container mit ihrem Apfel darin vom Schiff gehoben wird.

„Abenteurer!", verkündet Papa Wurm. „Im Wurmreiseführer steht, dass unsere Apfelkisten nun aus dem Container geholt und überall verteilt werden." Er zeigt auf die Landkarte. „Das da ist unser Urlaubsort. Wir müssen jetzt nur in den richtigen Apfel umsteigen."

Mama Wurm hält bereits Ausschau danach. Aber es sind so viele Äpfel! Wie sollen sie herausfinden, welcher der richtige ist?

Hilfe naht bereits. Charlene, die Schaffnerspinne, ist für solche Fälle an Bord.

Wieso geht ein Apfel auf Weltreise?

„Obstbaugebiet? Fünfte Kiste von rechts und unten!“, schnarrt sie. „Nicht verzagen, Charlene fragen!“

Sie führt sie gleich dorthin. Familie Wurm macht es sich wieder bequem.

„Wann geht es weiter?“, quengeln die Wurmkinder.

„Geduld“, sagt Papa Wurm. „Die Kisten müssen ja alle verladen werden.“

Doch dann ist ihre Kiste endlich dran. Hurra! Neugierig lugen die Wurmkinder aus dem Apfel. In Hamburg ist ganz schön viel los! Ab geht es auf den Lkw.

„Oje“, ruft Mama Wurm, „nicht schon wieder!“

Der Lkw rumpelt zu einem Supermarkt. Papa Wurm schaut im Reiseführer nach, wohin sie als Nächstes müssen. Als der Fahrer ihre Kiste aus dem Lkw holt, ruft er: „Bei drei: Alle springen! Eins, zwei, drei.“

Mit einem todesmutigen Sprung landet Familie Wurm vor dem Supermarkt.

„Gut gemacht!“, lobt Papa Wurm. „Dort drüben ist ein Garten. Dahinter liegen die Obstfelder. Unser Ziel. Auf geht’s!“

Zum Glück schlafen die meisten Menschen noch. Es ist ganz leer. So kriecht Familie Wurm ungestört ins Rhabarberbeet.

„Ich kapier das nicht", sagt ein Wurmkind. „Hier wächst so viel Obst. Und im September gibt es doch Äpfel. Warum reisen unsere Äpfel um die halbe Welt?"

„Weil die Menschen nicht nur im September knackige Äpfel wollen", sagt Papa Wurm. „Sondern auch im Juni."

„Aber da können sie doch Kirschen essen", entgegnet das Wurmkind.

„Das wäre das Beste", bestätigt Papa Wurm. „Jeder Monat hat sein Obst. Dann bräuchten sie auch nicht so viel Energie für Schiffe und Lkws und Kühlhäuser. Aber dann wären wir nicht hier! Dahinten sehe ich Erdbeeren – und wir haben schon Mai! Erdbeermonat! Da schmecken sie am besten und haben die meisten Vitamine!"

Die Wurmkinder futtern gleich drauflos. Papa Wurm hat recht: Erdbeeren im Mai sind himmlisch. Wie lecker dann wohl erst die Äpfel im September sein werden!

Das wird ein guter Urlaub für Familie Wurm. Und wer weiß: Vielleicht bleibt sie ja einfach hier …

Zu Hause husten keine Regenwürmer

Morgen soll Noah in den Kindergarten. Er versteht nicht, wieso. Zu Hause ist es doch schön! Da sind seine Spielsachen und da ist Mama. Gut, sie muss ab heute wieder arbeiten, aber das macht ja nichts.

„Wieso müssen Kinder in den Kindergarten?“, fragt er wütend.

„Sie haben dort viel Spaß“, erwidert Papa.

„Ich habe zu Hause auch Spaß!“, entgegnet Noah.

Nach dem Frühstück verlegt er die Schienen seiner Eisenbahn quer durch die Wohnung.

„Mama!“, ruft er aufgeregt und rennt in ihr Arbeitszimmer. „Guck mal, was ich gebaut habe!“

Aber Mama ist total gestresst, weil sie gerade telefoniert. „Später!“, flüstert sie. Also wartet Noah. Er muss an diesem Morgen viel warten.

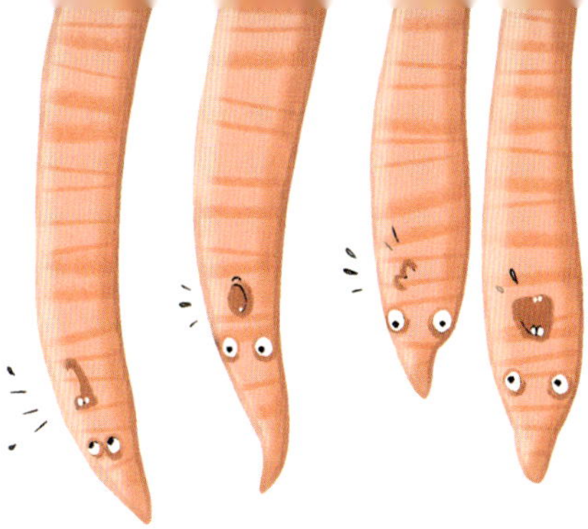

Nachmittags gehen sie auf den Spielplatz, aber Mama muss schon wieder telefonieren, weil sie nicht mit der Arbeit fertig geworden ist. Noah spielt mit Sophie.

„Soll ich dir mein Lieblingslied aus dem Kindergarten vorsingen?“, fragt Sophie und legt gleich los. In dem Lied husten die Regenwürmer. Noah will es unbedingt lernen! Aber Sophie hat keine Lust mehr zu singen.

„Wir haben im Kindergarten ein großes Regenbogentuch“, erzählt sie. „Das schwingen wir hoch und dann setzen sich da alle Kinder rein wie in ein Zelt! Das ist sooo schön.“

„Sollen wir das auch mal machen?“, fragt Noah.

„Das geht nur mit ganz vielen Kindern!“, behauptet Sophie.

Stattdessen zeigt sie ihm den Schmetterling aus Papier, den sie im Kindergarten gemacht hat.

Abends sagt Noah zu Mama: „Ich möchte einen Schmetterling basteln.“ Aber das Papier zu Hause ist gar nicht so bunt und schön wie das von Sophies Bastelei. Und als Mama den Schmetterling aufmalt, sieht er verkehrt aus. Noah hat keine Lust mehr, mit Mama zu basteln. Das wird so nichts.

Beim Zubettgehen bittet er Papa: „Sing mir das Lied von den Regenwürmern, die husten!“

Wieso gehen Kinder in den Kindergarten?

„Das kenne ich nicht!“, antwortet Papa und singt „Alle meine Entchen“. Papa singt immer „Alle meine Entchen“. Er kennt nicht so viele Lieder.

Noah seufzt.

„Na gut, dann gehe ich eben morgen in den Kindergarten“, verkündet er. „Aber nur für einen Tag!“

Als er am nächsten Tag durchs Eingangstor in den Kindergarten stapft, hat Noah Herzklopfen. Er weint ein bisschen, als Mama geht. Aber er will unbedingt einen Schmetterling basteln. Und das Regenwurmlied lernen. Und das Regenbogentuch sehen. Genau das sagt er der Erzieherin. „Ich bin aber nur heute hier“, ergänzt er.

Die Erzieherin lacht. „Na, dann wissen wir ja, was wir heute machen.“

Im Morgenkreis singen sie also das Regenwurmlied. Außerdem lernt Noah, dass „Hallo“ auf Türkisch „Merhaba“ heißt. Der Junge neben ihm erzählt das. Er ist auch neu und darf genau wie Noah einen Schmetterling basteln. Die Erzieherin schreibt jeweils ihre Namen darauf: Noah und Ferhan. Dann hängt sie beide ins Fenster. Sie leuchten bunt im Licht.

Das Regenbogentuch liegt in der Turnhalle bereit. Alle Kinder fassen es rundherum am Rand an. Sie zählen laut bis drei und schwingen es hoch. Dann wölbt es sich hinab und alle ziehen ihr Stück Tuch hinter sich auf den Boden und setzen sich hinein. Wie in eine Zauberhöhle! Noah schaut die Kinder an, die mit ihm unter dem Regenbogendach sitzen. Bestimmt kann man mit so vielen Kindern super Fangen spielen. Und singen! Und turnen! Und basteln! Und …?

Als Papa ihn abholt, schaukelt Noah gerade mit Ferhan.

„Merhaba, Papa!“, ruft er. „Ich kann jetzt das Regenwurmlied!“

Papa lacht. „Das will ich unbedingt lernen! Und weißt du was? Weil Mama heute mehr Ruhe zum Arbeiten hatte, ist sie mit allem fertig geworden. Sie freut sich schon auf uns!“

Noah winkt seinem neuen Freund Ferhan zu. „Bis morgen!“, ruft er. Denn morgen will er mit Ferhan und den anderen in die Matschecke. Mama und Papa können nämlich nur halb so gut matschen wie die Kinder im Kindergarten …

Ist ja wohl klar, warum Noah in den Kindergarten muss, oder?

Garderobe

Mila kann schweben

Tante Luises neue Freundin Mila ist Balletttänzerin. Und sie hat Tim und Lea zu einer Generalprobe ins Theater eingeladen. Das ist die allerletzte Probe vor der ersten Aufführung. Tim und Lea dürfen das Ballett also vor allen anderen sehen! Sie sind ziemlich aufgeregt, als sie mit Tante Luise am Theater ankommen. Neben dem Eingang hängt ein Plakat von dem Stück.

„Mila sieht so schön aus auf dem Bild!“, ruft Lea.

Sie und Tim folgen Tante Luise hinein, sie kennt sich hier gut aus. Vor der Tür zum Theatersaal steht ein Mann mit einem Klemmbrett.

„Da sind ja Milas Gäste!“, ruft er freundlich. „Kommt! Ich zeige euch, wo ihr sitzen könnt.“

Im Theatersaal ist es dunkel. Nur vorne auf der Bühne sind die letzten Vorbereitungen im Gang. Ein Techniker testet die Scheinwerfer und jemand schiebt eine grüne Stellwand über die Bühne. Tim, Lea und Tante Luise setzen sich in die zweite Reihe. Die Sitze sind mit Samt überzogen und fühlen sich weich an.

„Ruhe bitte, es geht los!“, ruft die Regisseurin.

Wie können Tänzerinnen und Tänzer auf den Fußspitzen stehen?

Nun gehen auf der Bühne die Lichter aus und der Vorhang zu. Dann beginnt die Musik. Als das Licht angeht und der Vorhang sich wieder öffnet, steht Mila ganz allein auf der Bühne und tanzt. Sie trägt ein weißes Kleid.

„Es sieht aus, als würde sie schweben", flüstert Lea.

„Wie macht sie das?", fragt Tim. „Sie berührt den Boden nur mit ihren Zehen!"

Er drückt seine Zehen mit den Spitzen nach unten und stellt sich vor, er müsste so aufstehen. Das würde niemals klappen! Und Mila dreht sich sogar auf ihren Zehenspitzen. Als hätte sie gar kein Gewicht.

Das Stück ist toll. Nicht alle Tänzer und Tänzerinnen tanzen wie Mila auf den Zehenspitzen. Ihre Tänze erzählen eine verrückte Geschichte und ihre Kostüme sind wie aus einem Märchen. Ein Tänzer bekommt Eselsohren an den Kopf gezaubert. Keine echten natürlich, es ist ja nur Theater. Sie sehen lustig aus! Als der Vorhang fällt, klatschen alle im Saal, auch die Techniker und

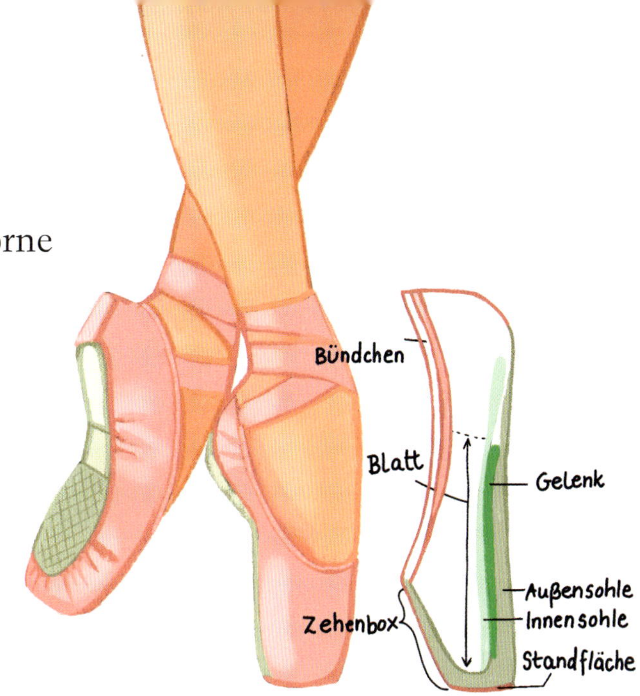

die Regisseurin. Aber als Mila nach vorne kommt und sich verbeugt, klatschen Tim und Lea am lautesten.

Lea hüpft wie ein Flummi auf und ab, als sie zu Milas Garderobe dürfen.

„Hat es euch gefallen?“, fragt Mila sie gleich.

„Und wie!“, rufen Tim, Lea und Tante Luise.

„Oh nein, deine Schuhe sind kaputt!“, sagt Lea und zeigt auf Milas Füße. „Damit kannst du morgen gar nicht tanzen!“

Mila lacht. „Keine Sorge! Ich habe ganz viele. Manchmal brauche ich sogar zwei Paare für eine einzige Aufführung. Auf der Spitze zu tanzen ist nicht nur anstrengend für die Füße, sondern auch für die Schuhe.“

„Wie schaffst du, dass es aussieht, als würdest du schweben?“, fragt Tim und versucht wieder, sich auf seine Fußspitzen zu stellen. Er fällt fast um.

„Ich habe viele Jahre hart trainiert, bevor ich mit dem Spitzentanz angefangen habe“, sagt Mila. „Du brauchst starke Muskeln dafür und musst den Fuß auf eine ganz bestimmte Art strecken können. Die Schuhe helfen auch dabei.“

Mila zieht einen heilen Ballettschuh aus ihrer Sporttasche. „Der Schuh hat vorne eine Box, wo die Zehen hineinkommen. Sie ist ganz fest. Außen an der Box ist die Plattform. Auf der stehe ich mit meinem ganzen Gewicht und balanciere oder drehe mich. Die feste Sohle stützt meinen Fuß dabei. Aber das erfordert viel Kraft! Ich bin ganz schön müde nach so einer Vorstellung – und meistens tut mir alles weh."

Trotzdem lacht Mila. Nur klingt das ja, als wäre Tanzen furchtbar anstrengend, oder?

„Ich finde es doof, wenn mir etwas wehtut", bemerkt Lea.

„Das gehört dazu! Ich liebe es, auf der Bühne zu stehen und alle zu verzaubern", sagt Mila. „Dafür zertanze ich gerne noch viele Schuhe."

Tim schaut sich Milas Schuh genau an.

„Kannst du mir beibringen zu tanzen?", fragt er.

„Na klar!", sagt Mila. „Aber sofort!"

Sie macht laute Popmusik an, schnappt sich Tante Luise und tanzt mit ihr drauflos.

„Los, macht mit!"

Tim und Lea tanzen mit. Es macht riesigen Spaß und ist gar nicht anstrengend! Am besten fängt man wohl erst mal ohne Spitzenschuhe an …

Nyanis Ausflug in die Savanne

„Bleibt immer im Schutz der Bäume!“, hat Mama Affe gesagt. „Lauft nicht in die offene Savanne!“

Aber dann hat Nyani, das älteste der Affenkinder, über die weite Ebene geschaut und all die Tiere gesehen: Die langbeinigen Giraffen, die Wasserbüffel und Gnus, die Elefanten mit ihren Rüsseln, die Pinselohrschweine … Und neugierig, wie Nyani ist, ist er immer weiter hinausgelaufen in das offene Grasland, hat hier einem Erdmännchen „Guten Tag“ gesagt und dort den Gazellen gewinkt. Ganz aufgeregt war er, weil er so viel Neues entdeckt hat!

Nun sitzt er da und weiß nicht, wo er ist. Denn er kann den Wald nicht mehr sehen, aus dem er gekommen ist. Die Savanne scheint ihm plötzlich riesengroß und überall gleich auszusehen.

Nyani fängt an zu weinen. Hätte er nur auf seine Mama gehört! Bald wird es dunkel werden. Er schlägt die Pfoten vor sein kleines Gesicht und schluchzt.

„Was ist denn mit dir los?“, hört er da eine Stimme.

Erschrocken dreht Nyani sich um. Eine Herde Zebras trottet heran und umringt ihn. Er zieht die Nase hoch. Ihm wird schwindelig, als er auf die vielen schwarz-weißen Streifen um sich herum sieht. In der flirrenden Hitze kann er die einzelnen Zebras mit ihrem Muster kaum voneinander unterscheiden!

„Ich … ich hab mich verlaufen“, stottert er. „Ich komme aus dem Savannenwald, aber ich finde nicht mehr zurück!“

„Da bist du aber weit gelaufen“, stellt ein Zebra fest. „Du hast Glück! Wir suchen sowieso nach einem schattigen Plätzchen zum Ausruhen. Setz dich auf meinen Rücken. Wir finden deinen Wald!“

Das Zebra senkt seinen Kopf und Nyani zieht sich an seiner Stehmähne hoch auf seinen Rücken. Das gestreifte Fell ist viel kürzer

als Nyanis und schön glatt. Die ganze Herde setzt sich in Bewegung. Vom Zebrarücken aus kann Nyani noch viel besser über die Savanne blicken. Aber ihm wird ein bisschen schlecht, wegen des Geschaukels und der ganzen Streifen um ihn herum. Und da wird ihm klar, warum die Zebras eigentlich gestreift sind!

„Bestimmt können die Löwen euch gar nicht richtig sehen, wenn sie euch jagen wollen!“, sagt er. „Wenn ihr euch bewegt, weiß ich vor lauter Streifen gar nicht mehr, wo hinten und vorne ist. Das ist eine gute Tarnung!“

Da lachen die Zebras. „Wenn es doch so wäre!“, rufen sie. „Aber den Löwen ist es tagsüber zu heiß, um zu jagen. Sie warten, bis die Dämmerung kommt. Und im Dunkeln sehen sie so gut – da ist es egal, ob wir Streifen oder Karos haben.“

„Oh!“, sagt Nyani. „Dabei wäre eine Tarnung so praktisch in der Savanne! Weil man sich hier doch nirgendwo verstecken kann.“

Das Zebra neben ihm deutet mit seiner Schnauze in die Luft. „Manchmal ist die Gefahr nicht groß wie ein Löwe, sondern ganz klein! Siehst du die Tsetsefliegen, die hier am Tag herumschwirren?“

Nyani schaut hoch. O ja, es gibt viele Fliegen hier!

„Wenn die Tsetsefliegen uns stechen, können wir sehr krank werden“, erklärt das Zebra. „Ihre Insektenaugen bestehen aus winzigen einzelnen Augen, mit denen sie ganz viele Bilder gleichzeitig sehen. Unsere Streifen verwirren sie deshalb komplett! Sie wissen einfach nicht, wo sie da landen sollen.“

„Das ist toll!“, ruft Nyani begeistert. „Ich hätte auch gerne Streifen!“

Die Zebras um ihn herum lachen. „Aber, kleiner Affe, du hast etwas viel Besseres!“, behaupten sie.

„Was denn?“, fragt Nyani erstaunt.

„Du kannst auf Bäume klettern!“, ruft ein Zebrafohlen und schlägt fröhlich mit den Hinterbeinen aus. „Das kann kein Zebra!“

Der kleine Affe hat gar nicht gemerkt, dass sie bereits auf den Savannenwald zulaufen. Am Waldrand wartet schon seine Mama. Sie ist überglücklich, als sie ihren Nyani wiedersieht!

Nyani springt vom Zebrarücken und rennt, so schnell er kann, zu ihr. Die Zebras aber stellen sich in den kühlen Schatten der Bäume.

„Danke, liebe Zebras!", ruft Nyani ihnen zu.

Ein Schloss aus Schokolade

Es war einmal ein kleiner Junge, der hieß Hans. Eines Tages fand er eine seltsame Flasche. Er hob sie auf und schüttelte sie neugierig. Er wusste ja nicht, dass darin eine Fee eingesperrt war, die sich mit einem bösen Zauberer angelegt hatte. Mit so was rechnet ja keiner. Er zog den Korken heraus. Es zischte, Nebel entwich.

Die Fee hatte diesen Auftritt lange geplant. Rosa Nebel hatte sie sich dafür vorgestellt. Er war aber grün, weil ihr schlecht war vom Schütteln. Auch ihr Haar saß wie ein Vogelnest auf ihrem Kopf. Sie hatte eine Rede für ihren Retter vorbereitet, nun war ihr nicht nach Sprechen zumute.

„Du hast 'nen Wunsch frei, sag ihn schnell, bevor ich's mir überlege", murmelte sie. Vielleicht sagte sie auch „bevor ich mich übergebe". Sie sprach nicht sehr deutlich.

Der kleine Hans aber freute sich riesig. Ein Wunsch! Er hätte sich eine Menge wünschen können: Frieden, drei weitere Wünsche, ein Pony. Aber er sollte ja schnell machen. Und er hatte gerade Hunger. Auf was Süßes.

Also rief er: „Ein Schloss aus Schokolade!"

„Bitte sehr“, nuschelte die Fee.

„Plopp“ machte es und sie war verschwunden. Stattdessen stand ein prächtiges Schloss vor Hans – riesengroß und ganz und gar aus Schokolade!

„Hurra!“, rief er. „Jetzt muss ich nie wieder was anderes essen!“

Er futterte sich ein Loch in die Tür und lief begeistert durch die schokoladigen Schlossgänge. Als er abends unter einer Decke aus Marzipan lag und verschlafen noch zwei Bissen herausknabberte, beschloss er, nie mehr nach Hause zu gehen. Von nun an trank er heiße Schokolade zum Frühstück, aß einen Schokoladenstuhl zum Mittagessen und löffelte abends Schokocreme aus dem Brunnen. Was für ein Leben!

Aber die Fee hatte es wohl ein bisschen übertrieben. Denn bald merkte der kleine Hans, dass es ihm eigentlich nicht so richtig gut ging in seinem Schloss.

Er wurde immer dicker und fühlte sich krank. Seine Zähne wurden vom Zucker schlechter und wenn er den Schokoladenball schoss, traf er das Tor nicht. Er langweilte sich oft, auch weil er so müde und schlapp war.

Eines Tages kam die gute Fee vorbei. Ihre Frisur saß wieder tipptopp und sie glitzerte in allen Farben.

„Du bist aber blass", bemerkte sie. „Geht es dir gut?"

„Ich habe ein Schloss aus Schokolade. Das ist so toll", erwiderte Hans. „Aber ich fühle mich nicht gut."

„Isst du denn nur noch Schokolade?", fragte die Fee erstaunt.

„Ja", sagte Hans und biss in einen Bilderrahmen, „ist total lecker."

Die Fee war entsetzt. „In Schokolade ist viel Fett und Zucker! Das ist nicht gut für dich. Dein Körper braucht noch viel mehr Sachen, damit er wachsen und gesund bleiben kann."

„Was denn?“, fragte Hans kauend.

„Vitamine, Mineralien, Ballaststoffe ...“, zählte die Fee auf. Dass man dem Hans das erklären musste! „Schokolade ist gut zum Naschen. Aber Obst und Gemüse zum Beispiel geben deinem Körper echte Energie! Du brauchst Abwechslung im Bauch!“

„Zum Toreschießen?“, fragte Hans.

„Um fit zu bleiben!“, sagte die Fee. „Ohne solche Nährstoffe wirst du eine lahme Ente.“

„Bin ich schon. Das war ein dummer Wunsch, oder?“, stöhnte der arme kleine Hans.

„Na ja, über manche Wünsche sollte ich kurz nachdenken, bevor ich sie erfülle“, gab die Fee zu. „Ich war bei diesem nicht gerade in Höchstform.“

Sie sah ein, dass Hans' Unglück ihre Schuld war. Aber sie war eine gute Fee. Also zauberte sie das Schloss, die Löcher in Hans' Zähnen

Warum kann man nicht nur Schokolade essen?

und seine Trägheit einfach wieder weg. Stattdessen zauberte sie ihm ein neues Schokoladenschloss. Ein kleines, zum Naschen. Das trug er nach Hause und brachte es seinen Eltern mit. Die freuten sich vielleicht, dass ihr kleiner Hans wieder nach Hause kam! Sie hatten gerade leckere Linsensuppe gekocht. Was für ein Glück! Hans fand es so wunderbar, wieder einen anderen Geschmack als Schokolade auf der Zunge zu haben, dass er beschloss, Koch zu werden und jeden Tag ein leckeres Essen zu zaubern.

Und wenn er nicht gestorben ist, dann kocht er noch heute jedem Gast sein Leibgericht. Mit Nachtisch natürlich.

Ein Stern für Elster

Elster wohnt im Moosbachwald und liebt alles, was glitzert und glänzt. In ihrem Nest sammelt sie Kronkorken, Löffel, verloren gegangene Goldkettchen, Haarspangen, Goldfolie …

„Was denkst du, Eichhörnchen?“, fragt sie stolz ihren Nachbarn. „Was davon glitzert am schönsten?“

Eichhörnchen nimmt kurz die Bucheckern aus der Backe. „Am schönsten glitzern die Sterne!“ Und dann hüpft es davon, um seinen Winterschatz zu vergraben.

Elster ist ein wenig beleidigt. Das kann doch gar nicht sein! Sie beschließt, auf die Nacht zu warten und nachzusehen, ob Eichhörnchen recht hat. Bald funkeln die Sterne vom Abendhimmel auf den Moosbachwald hinab. Staunend reckt Elster ihren Schnabel in die Höhe. Dieses Leuchten ist wirklich unvergleichlich! Wieso hat sie das bis jetzt übersehen? Sie schmiedet einen kühnen Plan: Sie will die Sterne vom Himmel pflücken und in ihr Nest bringen.

Sie hopst von Ast zu Ast, bis sie oben im Baumwipfel ist. Dann streckt sie ihre Flügel, holt tief Luft – und fliegt hoch, den Sternen entgegen. Höher und höher und noch höher. Aber die Sterne kommen überhaupt nicht näher.
Und dann geht Elster die Puste aus.
Erschöpft fällt sie in die Tiefe.
Sie schafft es gerade noch, die Flügel wieder auszubreiten und abzubremsen, bevor sie unsanft auf dem Waldboden landet.

„Hast du das Fliegen verlernt?“, ruft Steinkauz ihr zu. „Fällst einfach vom Himmel, na so was!“

Elster ist ganz benommen. „Ich wollte zu den Sternen. Weißt du, wie ich sie erreiche?“

Steinkauz kommt nämlich viel rum, das weiß Elster.

Er antwortet: „In der Stadt hinterm Wald ist ein Haus mit einer komischen Kuppel, das heißt *Sternwarte*. Vielleicht sammeln die Menschen dort die Sterne, die vom Himmel gefallen sind."

Elster fasst neuen Mut. Das Haus mit der komischen Kuppel findet sie schnell. Die Kuppel ist heute an einer Seite offen. Neugierig fliegt Elster hinein. Mitten im Raum steht ein Rohr, das durch die Öffnung im Kuppeldach in den Nachthimmel zeigt. Ein Mann schaut von unten durch das Rohr. Saugt er damit vielleicht die Sterne vom Himmel?

Elster flattert aufgeregt in dem Raum herum. Aber da sind ja gar keine Sterne!

„Oh, Besuch!“, ruft der Mann plötzlich. „Willst du auch Sterne gucken, liebe Elster?“

Elster wird ganz mutig, weil er so freundlich klingt.

„Was muss ich bitte machen“, krächzt sie, „um die Sterne zu pflücken und in mein Nest zu bringen?“

Der Mann lacht. „Ich bin zwar Astronom, aber Sterne pflücken kann ich nicht! Schau mal durch mein Teleskop!“, sagt er. Er meint das Rohr. Elster setzt sich auf seinen Unterarm und späht hindurch. Die Sterne scheinen ihr nun viel näher zu sein, aber immer noch nicht nah genug.

„Sterne sind Billionen von Kilometern entfernt“, erklärt der Astronom. „Sie sind gewaltige Kugeln aus Gas. Manche von ihnen sind zehnmal so groß wie unsere Erde. Und das sind die kleinen! Andere sind sogar hundertmal so groß! In ihrem Inneren ist es unvorstellbar heiß: viele Millionen Grad Celsius. Deshalb glüht das Gas und leuchtet so hell, dass wir die Sterne von der Erde aus sehen können. Obwohl sie so weit weg sind.“

Elster ist enttäuscht.

Wieso leuchten die Sterne?

„Ich kann sie also nicht mit in mein Nest nehmen", stellt sie betrübt fest.

„Nein. Du kannst dich aber darauf verlassen, dass sie immer für uns alle leuchten. Und wenn du dich verfliegst, weisen sie dir den Weg", sagt der Astronom.

„Wie das?", wundert sich Elster.

„Siehst du den hellen Stern?", fragt der Astronom.

Elster späht noch einmal durch das Teleskop. Ja, ein Stern leuchtet etwas heller als die anderen.

„Das ist der Nordstern. Er zeigt dir, wo Norden ist." Der Astronom greift in seine Tasche. „Ich hab hier etwas für dein Nest: meinen Sternenanhänger. Ich schenke ihn dir!"

Elster überlegt. Und plötzlich ist sie wieder vergnügt. Vielleicht ist es ja so: Die Sterne sind dafür zuständig, dass jeder ein bisschen Funkeln im Dunkeln bekommt. Elster jedoch bringt den Wald zum Glänzen! Sie nimmt den glitzernden Stern des Astronomen in den Schnabel und fliegt heim. Dem Nordstern nach, denn im Norden liegt der Moosbachwald.

Ella hat zwei Kinderzimmer

„Du kannst mich heute nicht besuchen, ich bin bei Papa“, sagt Ella zu Marie. Dabei hatten sie verabredet, bei Ella an der Burg für ihre Teddybärenbande weiterzubauen. Marie ist sauer. Sie hat sich wirklich darauf gefreut!

„Wieso darf ich nicht zu dir kommen, wenn dein Papa da ist?“, fragt sie.

„Papa wohnt nicht mehr bei uns“, erklärt Ella. „Er wohnt in der Nordstadt. Meine Eltern sind nämlich geschieden.“

Jetzt versteht Marie gar nichts mehr. „Was heißt das? Geschieden?“

„Das heißt, dass ich zwei Kinderzimmer habe. Eins bei Papa und eins bei Mama“, sagt Ella. „Und heute fahre ich zu Papa in die Nordstadt.“

Dann will sie nicht mehr darüber reden. Marie stellt sich vor, wie das wäre, wenn sie zwei Kinderzimmer hätte. Dann müsste sie ihren

Spielzoo nicht jedes Mal abbauen. Sie könnte ihn in dem einen Zimmer einfach stehen lassen und in dem anderen etwas anderes spielen.

Beim Abendessen sagt sie zu Mama und Papa: „Wenn ihr geschieden wärt, dann hätte ich zwei Kinderzimmer."

Warum gucken Mama und Papa nur so komisch?

Was heißt das, wenn die Eltern geschieden sind?

„Ellas Eltern sind geschieden und sie hat zwei Kinderzimmer“, fährt Marie fort. „Ihr Vater wohnt in der Nordstadt. Papa könnte auch in die Nordstadt ziehen.“

Und da fällt Marie auf, dass es doof wäre, wenn Papa in der Nordstadt wohnen würde und nicht hier bei ihnen. Denn Papa hat ja schon immer hier gewohnt und er würde ihr fehlen. Papa sieht das anscheinend genauso.

„Weißt du, Marie, eigentlich wohne ich sehr gerne hier bei euch“, sagt er.

„Wohnt Ellas Papa nicht gerne bei Ella?“, fragt Marie erschrocken.

„Ich bin mir sicher, Ellas Papa hat Ella sehr lieb und würde gerne immer bei ihr wohnen“,versichert Papa. „Weißt du, wenn die Eltern geschieden sind, heißt das, dass sie nicht mehr zusammenleben wollen.

Das hat mit euch Kindern nichts zu tun. Aber Ellas Eltern mussten natürlich mit Ella überlegen, ob sie bei ihrem Papa oder bei ihrer Mama wohnt. Oder abwechselnd bei beiden."

„Aber ihr wollt noch zusammenleben, oder?", fragt Marie.

Die Sache mit den zwei Kinderzimmern ist ihr plötzlich egal.

Mama lächelt. „Ja, das wollen wir. Ich habe Papa geheiratet, weil ich mich in ihn verliebt habe. Und Papa und ich, wir haben uns immer noch lieb. Aber manchmal heiraten zwei Menschen und die Liebe wird weniger. Sie streiten dauernd und mögen sich vielleicht nicht einmal mehr. Dann können sie sich scheiden lassen. Das ist für alle traurig. Aber so kann jeder von ihnen seinen eigenen Weg finden."

„War das so bei Ellas Mama und Papa?", will Marie wissen.

„Vielleicht", antwortet Mama. „Auf jeden Fall wollten sie nicht mehr verheiratet sein."

„Dann war Ella bestimmt traurig, oder? Ich bin traurig, wenn ihr euch streitet", sagt Marie.

„Es war sicher nicht leicht für Ella. Es verändert sich viel, wenn die Eltern sich scheiden lassen. Nicht alles ist gut.

Aber einiges wird auch besser. Zum Beispiel, dass das Streiten aufhört", erklärt Papa. „Und immerhin hat Ella jetzt zwei Kinderzimmer. Du musst dich mit einem begnügen."

Marie ist sich nicht mehr sicher, ob die zwei Kinderzimmer so gut sind, wie sie ihr zuerst vorkamen.

„Ihr dürft euch nie mehr streiten!", bestimmt sie.

„Ach, Marie!", lacht Papa. „Das gehört manchmal dazu! Wir vertragen uns doch jedes Mal wieder. Nicht jeder Streit ist gleich schlimm."

Marie denkt an diesem Abend noch lange darüber nach, wie komisch es wäre, wenn ihr Papa woanders wohnen würde. Und sie fragt sich, ob Ellas Papa Ella wohl immer noch genauso lieb hat wie vorher.

Hat er. Im Kindergarten ruft Ella Marie nämlich am nächsten Tag schon von Weitem entgegen: „Papa hat gestern gesagt, wenn er mich das nächste Mal abholt, sollst du mitkommen. Dann machen wir alle zusammen Pizza."

Marie reißt die Augen auf.

„Dürfen wir den Teig kneten?", fragt sie. „Und selber belegen?"

„Klar!", sagt Ella. „Mein Papa und ich, wir sind die besten Pizzabäcker!"

Marie freut sich schon darauf. Aber heute gehen sie zu Ellas Mama nach Hause und bauen endlich ihre Teddybärenburg fertig.

Hilfe, die Wespen sind weg!

Jedes Jahr im Herbst gibt es auf der Obstwiese eine Insektenversammlung. Vor dem Winter gibt es viel zu besprechen. Natürlich wird niemand dort gefressen. Selbst die Kreuzspinne hält sich zurück.

Dieses Jahr ist auch der Igel dabei. Er möchte sich beschweren, jawohl. Eine Wespe habe ihn gestochen, gerade als er in einen Fallapfel beißen wollte. Kartoffeldick sei seine Schnauze geworden, o ja. Er konnte sich kaum noch einrollen.

„Wespen sind böse!“, schimpft der Igel. „Ich habe nun jedes Mal Angst, wenn ich in einen Apfel beiße!“

Die beschuldigte Wespe wendet ein: „Entschuldige bitte, aber du hättest mich fast kaputt gebissen. Ich hatte auch Angst!“

Leider hört ihr keiner zu. Die Mücken haben nämlich ihre Chance gewittert, die Wespen loszuwerden.

„Wespen sind böse!“, übertönen sie die Wespe. „Sie fressen alles und alle!“

Die Blattläuse machen mit: „Wespen sind verfressen! Keiner ist sicher vor ihnen!“

Sind Wespen eigentlich böse?

Die Raupen klopfen ihre Hinterteile auf den Boden zum Applaus. Die Wespen sind ganz erschrocken. Sie brauchen Nahrung für ihre Kleinen und Zucker zum Fliegen. Natürlich fressen sie andere Insekten. Aber das tut die Kreuzspinne ja auch!

„Stimmen wir ab!", ruft der Igel. „Wer will, dass die Wespen abhauen?"

Mücken, Raupen, Blattläuse und Fliegen heben eifrig Flügel, Beinchen und Hinterteile. Leider sind so viele von ihnen da, dass sie alle anderen überstimmen. Und die Mehrheit gewinnt, so lautet die Regel.

„Es ist beschlossen", sagt der Igel. „Die Wespen müssen gehen. Endlich kann ich in Ruhe essen."

Als der nächste Frühling kommt und die Obstbäume blühen, fliegen

die Bienen eifrig los. Sie sammeln Pollen und bestäuben die Blüten. Aus den bestäubten Blüten werden Äpfel. Doch bald merken die Bienen, dass sie nicht alle Blüten bestäuben können. Es sind zu viele!

„Sonst haben uns die Wespen geholfen“, erklären sie den anderen, wenn die sich beschweren.

Den Blattläusen und Raupen geht es prima ohne Wespen. Sie futtern und futtern und kaum einer stört sie dabei! Bald machen sich die anderen Insekten Sorgen, denn die Pflanzen werden krank von der Fresserei.

„Wir haben zu viele Schädlinge dieses Jahr", sagt auch der Obstbauer, als er über seine Wiese geht. Dann kratzt er sich überall. „Und eine Mückenplage!"

Im Herbst ist der Igel enttäuscht, wie wenig Äpfel unter den Bäumen liegen. Und dann hört er den Obstbauern etwas Furchtbares sagen: „Wenn es nächstes Jahr wieder so viele Schädlinge gibt, spritze ich Gift. Mir reicht's."

„Oje!", haucht der Igel.

„Gift! Mir wird schlecht!“, schimpft die Kreuzspinne. „Du Dummkopf hast wegen deiner Angst das Gleichgewicht kaputt gemacht! Die Wespen fehlen! Sie haben mir beim Schädlingefressen und den Bienen beim Bestäuben geholfen! Bring sie zurück! Schau halt das nächste Mal hin, wenn du in einen Apfel beißt!“

Der Igel rennt gleich los. Er findet das Wespennest am Waldrand.

Obwohl er Angst hat, ruft er: „Hallo, Wespen, hier ist der Igel!“

Die Wespen schwirren aus dem Nest. Der Igel zittert. „Stecht mich nicht!“

„Wir stechen, wenn wir bedroht werden", rufen ihm die Wespen zu. „Willst du uns bedrohen?"

„N-n-nein, ich möchte euch bitten, euer Nest wieder in der Obstwiese zu bauen", stottert der Igel. „Wir brauchen euch. Ihr seid gar nicht böse. Ihr helft uns! Ich hatte nur solche Angst vor euch. Der Stich tat weh! Deshalb habe ich dummes Zeug geredet. Tut mir leid."

„Wir kommen gerne", sagen die Wespen. „Die Obstwiese ist ein Paradies für uns. Beiß uns nicht, dann stechen wir nicht!"

Und so kommt alles wieder ins Gleichgewicht, ganz ohne Gift. Der Igel guckt ab jetzt hin, bevor er in einen Apfel beißt. Wenn eine Wespe darauf sitzt, bleibt er ruhig und lässt sie knabbern. Er weiß: Sie braucht den Zucker im Apfel für ihre Muskeln, damit sie fliegen und den Bienen und der Kreuzspinne helfen kann.

© Nina Simone Plum

Anne Ameling wurde 1976 im Münsterland geboren und studierte Geschichte (auch wenn sie lieber direkt eine Zeitmaschine erfunden hätte), Anglistik und Romanistik in Köln. Danach arbeitete sie in einem Kölner Verlag. Als freie Autorin, Lektorin und Texterfinderin für verschiedene Medien geht sie schon seit vielen Jahren immer wieder neuen Themen mit Begeisterung auf den Grund. Seit 2010 schreibt sie Kinderbücher.

Iris Hardt hat die „Warum-Geschichten zum Vorlesen“ gezeichnet und viele interessante Dinge dabei gelernt. Von der Fee in der verzauberten Flasche hätte sie sich bestimmt auch ein Schloss aus Schokolade gewünscht oder einen eigenen Flugsaurier, mit dem sie ihre zwei Kinder von der Schule abgeholt hätte. Eine Karriere als königliche Zungenherausstreckerin wäre ein verlockendes Angebot gewesen, sie zog jedoch 1992 für ein Designstudium von Essen nach Münster, noch heute lebt sie dort, zeichnet und knabbert ab und zu mal an einem Schokoladenstuhl. Besonders in den sehr frühen Morgenstunden wird sie regelmäßig vom unheimlichen Schlafzauber befallen.

Das will ich lesen!

Band 1
ISBN 978-3-7432-0455-3

Band 2
ISBN 978-3-7432-0638-0

Band 3
ISBN 978-3-7432-0850-6

Band 4
ISBN 978-3-7432-0851-3

Loewe
Das will ich lesen!